Eduard Francevič Nápravník

Deux pièces espagnoles

Zwei spanische Stücke
Two Spanish Pieces

für Klavier · for Piano

op. 51

F 95083

ROB. FORBERG MUSIKVERLAG

INHALT · INDEX

F 95083
ISMN 979-0-2061-0617-0

F 95083
ISMN 979-0-2061-0617-0

À Monsieur B. Safonoff

Romance

Op. 51/1

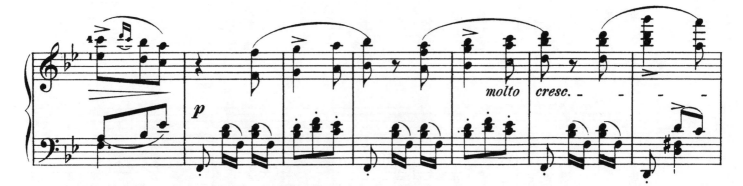

À Monsieur B. Safonoff

Fandango

Op. 51/2

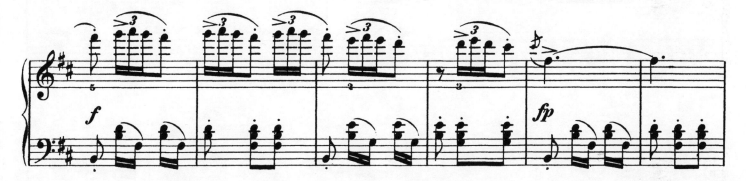